Par le marquis de la Roches

(Renseignement particulier.)

NOTES

DE

L'EMPEREUR NAPOLÉON

SUR L'HISTOIRE D'ANGLETERRE

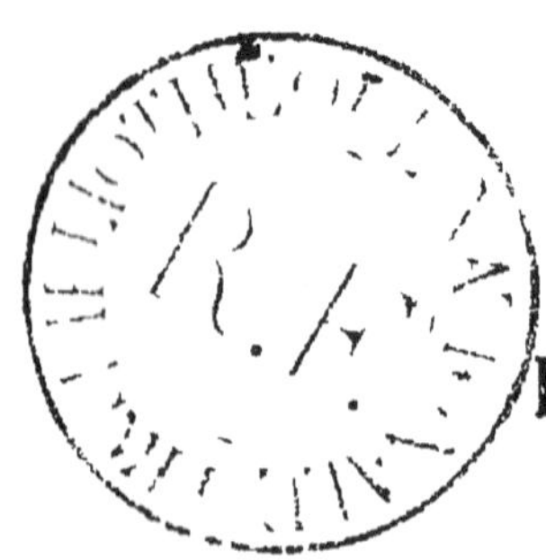

complément nécessaire au

MÉMORIAL DE SAINTE-HÉLÈNE.

PARIS

GARNIER FRÈRES, LIBRAIRES, PALAIS-NATIONAL, 215.

10, RUE RICHELIEU.

1850

Paris. - Imprimerie Donnaud-Dupré, rue Saint-Louis, 46, au Marais

NOTES

DE L'EMPEREUR NAPOLÉON

SUR L'HISTOIRE D'ANGLETERRE.

Il est certainement très-curieux de connaître ce que l'empereur Napoléon pensait de cette nation anglaise, séparée du monde entier, et qui se mêle incessamment dans toutes les affaires du monde entier. Il est très-important aussi d'apprendre ce qu'il pensait de ce gouvernement constitutionnel, qui diminua considérablement la puissance des rois, et de cette souveraineté du peuple qui semblait alors constamment et nécessairement aliénée de fait et de droit.

C'est en 1806 que Louis, son frère, lui communiqua un manuscrit qui formait un abrégé de l'histoire du gouvernement de la Grande-Bretagne; il inscrivit en marge les réflexions que la lecture lui inspirait. Ces notes sont toutes de son écriture. Elles forment pour ainsi dire une conversation de famille, qui se tenait dans l'intimité, et qui ne devait jamais être publiée. Il émettait donc, dans ces réflexions et dans ces éloges ou dans ces critiques, ses sentiments vrais, ses opinions personnelles, ses affections et ses vœux; car à cette époque il s'était élevé à la plus haute fortune, son pouvoir était pleinement et fortement établi, et il n'avait rien à cacher à sa famille, très-soumise et unie alors autour de lui.

L'ouvrage de son frère parcourt toute l'histoire d'Angleterre. Il commence à l'invasion de César et se termine aux premières conquêtes de Napoléon en Italie, allant ainsi de la lutte contre les Romains à la lutte contre les armées françaises. et s'attachant en même temps au récit des révolutions qui ont amené de nouvelles formes de gouvernement et de nouvelles dynasties.

On voit que le champ est assez vaste pour les promenades de l'esprit observateur et pour les courses du génie.

L'écrit de Louis commence, dis-je, à la conquête des Romains, et sur-le-champ un cri patriotique s'échappe de la voix de Napoléon : « Les Bretons, dit-on, ne furent pas même soumis, ils se livrèrent d'eux-mêmes; » et Napoléon répond : « Quelle différence des Gaulois aux Bretons ! Les premiers résistèrent avec courage aux Romains et aux Francs et ne cédèrent qu'avec gloire. »

Louis ajoute : « La Grande-Bretagne ne devint libre que lorsque les Romains ne voulurent plus la gouverner. Les Bretons, par leur conduite, justifièrent le mépris du peuple qui les dédaignait. Ils parurent plus embarrassés de leur liberté qu'ils ne l'avaient été de leur esclavage. »

Toutefois, il ne faut pas croire, d'après ce début, que cet écrit soit inspiré par un sentiment injuste, hostile à l'Angleterre. On ne peut pas douter de la valeur de la nation anglaise, qui a été si audacieuse et si souvent victorieuse sur les mers, et qui a obtenu de si brillants succès en Hollande, en Espagne, en Belgique, dans le dernier siècle. Le prince Louis a parlé de la nation anglaise et de son gouvernement avec une bonne foi, une impartialité et une sagesse remarquables. Mais il a été également fidèle à la vérité dans les récits.

Lorsqu'il passe ensuite à une autre conquête, lorsque les Saxons envahirent l'Angleterre, il dit de leur chef, qu'avec un courage impétueux il avait un air de franchise qui prévenait toute défiance, et qu'en forgeant des fers aux Bretons, il leur persuada que le soin de leur gloire et leur salut occupait ses veilles. Napoléon ne réprouve pas ce caractère, il ajoute seulement : « Rien ne prouve mieux l'ascendant des grands génies sur les esprits faibles, de la politique sur la simplicité, et des lumières sur l'ignorance. »

Il arrive bientôt à l'époque où l'empire romain tombe au milieu des guerres sans cesse renouvelées par les barbares ; Napoléon dit : « Agité par ces violentes secousses, l'empire ne pouvait durer, mais on ne soupçonnait pas que ses destructeurs seraient des peuples obscurs, inconnus jusqu'alors sur la scène du monde. »

Et comme on dit que ces peuples furent téméraires et jetèrent par là un éclat qui les fit croire invincibles, Napoléon ajoute : « La témérité, qui a presque toujours détruit les empires, les a aussi presque toujours fondés. » Il aurait dû s'en souvenir lorsqu'il affronta l'Europe entière et la traversa jusqu'à Moscou.

A présent nous entrons, avec les notes de Napoléon, dans le gouvernement des peuples. Louis a dit : « Celui des Anglo-Saxons ne fut ni monarchique ni aristocratique, ni démocratique. C'était un composé bizarre de tous les trois : le roi, les grands, le peuple partagèrent l'autorité. » Napoléon répond : « C'est là la charte anglaise, c'est la constitution de 1791, c'est celle qu'aura bientôt ou que prétend avoir la France. Monsieur mon frère, qui traite de bizarre un aussi beau gouvernement, ne montre pas ici des idées libérales. Que dira Lucien?»

Que dira Lucien à cette déclaration ? On peut répondre par les propres déclarations de Lucien. Il est certain qu'il a été en 1789 révolutionnaire, lorsqu'il avait quinze ans ; mais que dès que la république survint, quoiqu'il n'eût encore que dix-huit ans, il eut horreur, non-seulement du règne de la terreur en fait, mais de la démocratie en principe.

Voici ce qu'il a dit : « La faveur populaire me porta rapidement à la présidence du comité révolutionnaire. En quelques jours j'avais acquis une petite dictature ; il n'y avait d'applaudissement que pour moi ; tant de succès pouvait me tourner la tête. Si j'avais été méchant ou faible, que de mal ne pouvais-je pas faire ou laisser faire ! Dans cette Babylone démagogique, qui eût osé réprimer un jeune étourdi dont la parole le soir au club et la signature le jour au comité pouvaient jeter la terreur et la mort dans le sein de mille familles ? Un couvent était là, rempli de ceux que l'on nommait alors des suspects ; il dépendait de nous de faire des choix arbitraires parmi eux et de les envoyer à Orange, et le tribunal révolutionnaire d'Orange était la digne succursale de Fouquier Tinville. Pauvre France !

» Combien de fois j'ai remercié la Providence de ne

m'avoir pas abandonné à l'enivrement d'une position aussi extraordinaire, aussi périlleuse pour mon âge, et de m'avoir entouré de gens simples qui se sont prêtés à la direction que je leur ai donnée, comme ils se seraient prêtés à des excès ; car dans ces moments de despotisme démocratique (le pire de tous les despotismes), la puissance d'un orateur, tant que la faveur de la foule active l'environne, est plus forte que la conscience publique. »

Lucien ajoute :

« Oui, c'est bien le pire de tous les États sociaux, celui où l'honnête homme est excité à devenir criminel, et où le sort de chacun est à la merci de tous, et où l'on n'est jamais sûr de ce qu'on dira, de ce qu'on fera, de ce qu'on deviendra le lendemain. Jeunes gens, lisez l'histoire de 1793, non pas dans les plaidoyers des auteurs qui se disent historiens, mais dans les pages de l'inexorable Moniteur ; lisez avec patience, et vous aurez, comme vos pères, horreur du gouvernement de la multitude : sous le despotisme d'un seul ou de quelques-uns, on risque d'être victime ; sous le despotisme démocratique, outre le même risque centuplé, on en court un autre bien plus affreux, *celui d'être bourreau !*

» Aussi, dit-il encore, un sentiment naît de cet examen : haine vigoureuse, durable, profonde pour le gouvernement de la multitude. »

Voilà une déclaration expresse et bien positive. Ainsi voilà celui que l'on s'attachait à choisir dans le sein de la famille Bonaparte, pour en faire un démagogue révolutionnaire, qui exprime énergiquement son horreur pour la république de 1793, et sa haine, oui, sa haine vigoureuse, dit-il, pour le gouvernement du peuple.

En outre, voilà Napoléon qui déclarait alors que la constitution anglaise est le plus beau gouvernement; mais il voulait déjà une administration centrale, une police forte par l'unité et un pouvoir sans division. « Les Anglo-Saxons, dit-il, se trompèrent en imaginant que leur police gouvernementale serait plus parfaite à mesure qu'elle serait plus partagée. L'expérience de tous les temps a dû nous apprendre que cette politique, au lieu des avantages des trois gouvernements, n'en rassemble que les inconvénients. Un tel équilibre détruisit nécessairement toute subordination et dérangea toute harmonie. »

Louis était bien dans les mêmes idées que son frère ; ils étaient très-monarchistes tous les deux. Aussi a-t-il dit : « Peut-être n'était-il pas possible d'établir alors une monarchie pure. Les conquérants ni les vaincus n'avaient la douceur de mœurs qu'exige ce genre de domination ; mais si leurs chefs avaient été plus éclairés, ils auraient senti qu'il fallait nécessairement qu'un des trois pouvoirs dominât, et que deux devaient être destinés seulement à tempérer l'autorité du premier. » Louis ajoute : « Des révolutions fréquentes agitèrent l'État. »

Napoléon répond : « Cela doit toujours être lorsqu'un des trois pouvoirs n'est pas presque absolu ; car le tempérament dont parle plus haut notre auteur altère, mine et détruit enfin la royauté. On me citera les États-Unis: mais ce sont des républiques modernes, et elles finiront, comme toutes les autres, par se donner un maître. » La prédiction est remarquable, s'accomplira-t-elle pour les États-Unis? Nous l'ignorons encore, mais nous avons déjà vu dans les républiques américaines le dictateur Franzia, et nous y voyons aujourd'hui le despotisme affermi depuis longtemps de Rosas. Il faut donc ne pas oublier cette prédiction-ci, datée de 1806, et attendre les événements.

Lorsqu'on parle ensuite dans cet écrit du gouvernement despotique de Guillaume le Conquérant, Napoléon remarque que « les jours les plus fortunés de ces règnes fameux que l'histoire a toujours proposés pour modèles, n'égalent pas l'idée parfaite qu'on nous a laissée des premiers temps de Guillaume, prince bâtard, dit-il, et roi illégitime, usurpateur enfin, comme l'appelleraient nos gobe-mouches politiques. »

On voit quelles étaient les préoccupations intérieures de Napoléon.

Lorsqu'on dit un peu plus loin : « Guillaume était très-prévenu en faveur des compagnons de ses victoires, et cette prévention lui inspirait de l'indulgence pour leurs désordres ; » Napoléon répond : « Guillaume était reconnaissant; tout conquérant, tout roi, fidèlement servi, serait un insensé s'il se montrait ingrat. Par sa reconnaissance des services rendus autant que par sa haine des révolutions, Guillaume était un sage conquérant, un véritable roi. »

Ainsi, voilà Napoléon exprimant sans à propos, sans que ce soit nécessaire dans son raisonnement, sa haine des révolutions. On le conçoit puisqu'il était alors élevé à la tête d'un gouvernement régulier et qui avait intérêt à n'être pas renversé. On le comprend aussi parce que sa plus belle gloire à cette époque était celle d'avoir réprimé tous les désordres révolutionnaires.

Lorsque Louis a dit : « Guillaume ne gouverna pas par le sceptre, mais avec l'épée. Le droit de conquête fut poussé jusqu'où il pouvait s'étendre. Il anéantit les priviléges des Anglais. Il s'appropria leurs biens. Il leur donna d'autres lois. Le pouvoir arbitraire fut établi dans toute sa rigueur, et des peuples qui avaient voulu secouer l'autorité des lois, se virent forcés à gémir sous l'empire du despotisme. »

Napoléon ajoute : « Toutefois il faut être Anglais pour ne pas compter Guillaume le Conquérant parmi le petit nombre de princes qui ont honoré le trône. Dans quelque temps qu'il eût vécu, il eût été un grand homme, et ce fut un prodige pour le siècle barbare qui le vit naître. »

Et lorsque Louis termine le chapitre par un grand éloge de ce roi et dit : « La satire a peint ce grand prince sous les plus odieuses couleurs ; il est pourtant vrai que la nation qui le déteste lui doit sa gloire ; » Napoléon s'écrie : « Voilà un portrait bien tracé. J'aime surtout ce style *déducteur*. C'est aussi la manière de Saint-Jean-d'Angely, qui déduit d'un mot répété de vives antithèses, des idées éloquentes, justes ou neuves, des traits inattendus, des conséquences rigoureuses ou vraisemblables. »

Lorsqu'on passe aux règnes suivants, on rencontre encore la prédilection de Napoléon pour le despotisme ;

il en prend à chaque instant la défense, il ne souffre pas qu'on l'accuse, il le sépare entièrement de la tyrannie et ne le rend responsable d'aucune cruauté. Ainsi lorsque Louis peint le règne de Jean Sans-terre et dit entre autres faits : « Lorsqu'il versa du sang, ce fut moins par cruauté que par le désir de se montrer despote : » « Non, s'écrie Napoléon, ce n'est pas là le portrait d'un despote ; c'est celui d'un lâche tyran. »

Toutefois on cite un beau trait de ce prince. Lorsqu'on voulut obtenir de lui des concessions à la nation, « Les traîtres, répondit-il, ils oublient de demander ma couronne. » L'historien ajoute : « Sa réponse fut telle qu'on l'attendait. » Et Napoléon s'écrie sur-le-champ : « Et telle qu'on devait l'attendre ; cette fois, Jean Sans-terre se montra roi. »

Cependant ce prince après avoir été aussi ferme au premier moment, faiblit bientôt et accepta la grande charte. Louis alors émet cette réflexion : « Il est aisé de concevoir ce qui se passa dans le cœur du roi lorsqu'il pensa sérieusement à la lâcheté qu'il venait de faire. » Voilà comment Louis Bonaparte considérait alors les constitutions, même lorsqu'elles étaient faites par concession du roi, et Napoléon dans sa note va bien plus loin, lorsqu'il dit que le roi Jean, redevable de sa gloire à ses ancêtres, et comptable de son autorité à ses descendants, dut être désespéré d'avoir par cette concession flétri sa gloire et ruiné son autorité. »

Bientôt après, il fait, au contraire, un grand éloge du roi de France. Louis raconte que les Anglais embarrassés demandèrent *un maître* à la France. « Philippe-

Auguste, dit-il, y régnait avec une dignité inconnue depuis Charlemagne. Ce prince était plus que conquérant; il fut un grand roi. Il s'occupa de détruire les grands vassaux, petits tyrans sous un bon roi. » Napoléon ajoute : « Le puissant génie de Philippe-Auguste, en exécutant, au moins en partie, un projet si glorieux, sut ranimer pour ainsi dire les cendres de la monarchie. Il avait commencé par rendre les Français heureux, il finit par les rendre redoutables. »

Et sur ce souvenir de Charlemagne, après cet éloge de Philippe Auguste, et avant la chute du roi Jean et de sa couronne, Napoléon rappela une grande vérité historique. « Les grands princes fondent les empires, les bons les affermissent, les mauvais les détruisent. » Puis reportant sans cesse sa pensée sur des milliers de projets de son esprit ambitieux, après avoir lu le récit des événements de cette époque, la proclamation de Louis, fils de Philippe-Auguste, comme roi d'Angleterre, puis la brillante expédition de ce prince tout à coup abandonnée par un enfant de dix ans que les Anglais remirent sur le trône, Napoléon dit : « Avec du génie, du courage et une noble ambition, Louis aurait uni facilement le sceptre britannique à celui de la France. » Il me semble qu'on peut aisément deviner ce qu'il pensait alors. C'est comme s'il avait dit : « J'ai une armée à mes ordres plus forte encore que celle qu'avait Louis. J'ai du génie, du courage et une noble ambition; j'unirai facilement le sceptre britannique à celui de l'empire français. »

Vient ensuite le règne de Henri III roi d'Angleterre,

que Louis et Napoléon dépeignent l'un et l'autre, celui-ci comme un roi de théâtre qui ne joue jamais qu'un rôle emprunté, et qui n'eut de volontés que celles qu'on lui fit avoir; et l'autre plus fortement « comme un cœur tremblant qui n'eut jamais le courage d'assurer son repos et celui de son peuple par le sacrifice de quelque tête factieuse. »

Louis ajoute : « Il aigrit la nation en manquant l'occasion de nuire à la France. » Napoléon remarque : « Occasion toujours précieuse aux Anglais. » Et croit-on que ce soit en haine des Anglais qu'il énonce ce fait? au contraire, il avait à cette époque une haute estime de cette nation, et sa note porte : « Occasion toujours précieuse aux Anglais, dont la politique est éminemment nationale. »

C'est un beau sentiment de glorifier ainsi le patriotisme, mais il est constamment uni dans l'esprit de Napoléon avec l'amour du despotisme, et il méprise, dit-il, Henri III parce que ce prince indolent, accoutumé à la dépendance, se serait trouvé embarrassé de remplir le rôle de *maître*. » Il l'a blâmé encore d'avoir tremblé pour sa liberté, « lorsqu'un grand prince, dit-il, n'aurait tremblé que pour sa gloire. » Et il lui a reproché surtout d'avoir dégradé la royauté. On voit combien il était alors éloigné de toutes les idées libérales et constitutionnelles; on sait bien qu'il ne les a jamais aimées, mais je crois qu'à cette époque il n'en avait encore jamais eu la pensée.

On rencontre ensuite quelques jugements particuliers sur les hommes d'État et sur les hommes de guerre.

Louis fait sans doute avec trop d'emphase l'éloge de Leycester, quand il l'appelle un des plus grands hommes qui aient paru sur la scène du monde. Mais Napoléon réduit-il ou accroît-il ces louanges lorsqu'il dit : « Jamais peut-être bon citoyen n'a été tant loué, et jamais rebelle n'a été tant blâmé, et peut-être ne fut-il pas encore assez loué et assez blâmé. La cour se réjouit de sa mort et la ville s'en affligea. Il fut traité par les uns comme un scélérat et honoré par les autres comme un martyr. D'un côté on flétrit sa mémoire ; de l'autre on visita son tombeau, et on lui fit faire des miracles. Étrange effet des préjugés qui décident si différemment du salut et de la réputation des hommes. »

Bientôt après, lorsque Napoléon lit les peintures des Croisés, il éprouve un sentiment bien naturel : « Ces portraits bien frappés, dit-il, rappellent quelques-uns des capitaines qui m'ont aidé dans ma conquête de l'Égypte. » Puis jetant un coup d'œil général sur ces guerres : « L'union et la valeur, dit-il, procurèrent aux premiers héros des croisades les succès les plus rapides ; les vices opposés à ces vertus les firent perdre à leurs successeurs. » C'est alors qu'il apprécie les caractères de Suger et de saint Bernard à l'époque de la dernière croisade. « Les suites de cette entreprise, également honteuses et funestes, dit-il, apprirent à l'univers qu'un homme d'État lit mieux dans l'avenir qu'un prétendu prophète. »

Il apprécie aussi le caractère d'Édouard Ier, d'abord au sujet de la mort des princes de Galles : « La honte de cet événement, dit-il, fut tout entière pour celui qui en était l'auteur! Édouard était né bien peu généreux, puisqu'il ne le fut pas dans une occasion où il n'y avait que de l'honneur et nul danger à l'être. » Et lorsque le trône de l'Écosse devint vacant, Napoléon reconnaît quelle fut l'habile politique du roi d'Angleterre qui voulut y porter Bailleul. « Il fut préféré, dit-il, non point parce que son droit était le meilleur, ainsi que le disent les historiens de l'Angleterre, mais, selon les Écossais, parce qu'il était le moins propre à soutenir les droits de sa couronne contre les usurpations d'Edouard. » Et continuant à blâmer ce prince dans ses cruautés contre les Écossais, il rappelle que Bacon prétend que la vengeance est une justice sauvage; « mais la vengeance d'Édouard, dit-il, n'était qu'une barbare injustice. » Ainsi Napoléon qui, naguère, comme on l'a vu, déclarait sa réprobation aux révolutions et sa haine contre les révoltes, prodigue ici à des guerriers révoltés les plus vives sympathies, et son seul motif est parce qu'ils étaient braves et aimaient la gloire. Lorsqu'un jeune gentilhomme se met à la tête des Écossais : « Il peut bien se faire, dit-il, que l'ambition aidât Walleys à soutenir son entreprise, mais il est certain que le seul amour de la patrie la lui fit concevoir. » Il ajoute suivant son sentiment intime : « Ce jeune capitaine aurait dû commencer par se faire couronner roi d'Écosse. » Et lorsqu'il parle de la condamnation de ce guerrier : « L'infâme supplice, dit-il, qu'on lui fit subir ne l'effaça pas du rang des héros: quand on meurt pour sa patrie, on meurt toujours avec gloire. » Mais ce n'est que lorsqu'il suit les récits des guerres et des combats qu'il oublie ses principes, car dès qu'il revient examiner le caractère d'Édouard dans son gouvernement, son amour du despotisme est assez manifeste. Louis raconte qu'Édouard, en montant sur le trône, avait dissimulé, mais que lorsqu'il se crut assez aimé ou assez craint, il voulut effacer les taches que ses deux prédécesseurs et sa première complaisance avaient faites au trône. « Il commença à régner sans son parlement ; et, sans s'embarrasser des priviléges de la Grande Charte, il imposa lui-même des subsides extraordinaires. »

Napoléon fait l'éloge de cette conduite, et regrette seulement qu'il ne l'ait pas soutenue : « Avant de prendre, dit-il, ce parti noble et vigoureux, Édouard aurait dû examiner avec soin s'il était en harmonie avec son caractère et les circonstances. Le premier pas une fois fait, il devait se roidir contre les obstacles que les prétentions orgueilleuses et le génie altier de son peuple lui faisaient voir dans l'exécution de son entreprise ; mais la plupart des hommes, des grands hommes même, ne savent être hardis qu'à demi. » Et bientôt, lorsque Édouard cède et convoque une assemblée des communes, Napoléon s'écrie sur-le-champ : « Pauvre sire que cet Édouard. »

Et aussitôt après il fait cette réflexion qui n'est que trop vraie : « Le peuple est le même partout ; quand on dore ses fers il ne hait pas la servitude ; mais s'il les voit à nu au travers de sa misère, il s'inquiète, veut les rompre, y parvient avec insolence, et son ambition écrase les faibles monarques. »

Quant à Édouard Ier, ce roi dont les Anglais sont très-fiers, Napoléon l'a jugé avec assez d'impartialité, mais à son point de vue : « Les historiens des différentes nations, dit-il, ont parlé si diversement de ce prince fameux, qu'il est difficile de s'en faire une juste idée. Les satires sont venues des Écossais, les Anglais ont fait les éloges ; mais, d'après les faits de son règne, on peut avancer sans scrupule qu'Édouard n'avait pas ce que l'on appelle des principes et un caractère bien décidé. Ses vertus et ses vices dépendaient un peu trop des occasions ; il était cruel quoique brave, modéré quoique conquérant, et vindicatif quoique faible envers son peuple. Téméraire vis-à-vis des ennemis qu'il méprisait, il était irrésolu avec ceux qu'il prenait pour ses égaux, et il croyait trop aisément qu'on pouvait l'égaler. Né souverain, il a souvent été esclave et n'a pas su être despote, quand il aurait dû l'être pour acquérir le titre de grand roi. » Ainsi Napoléon croyait qu'on ne pouvait être grand roi sans être despote, et qu'on ne pouvait même acquérir ce titre de grand roi que par le despotisme.

Mais il est encore plus intéressant de consulter l'opinion de Napoléon lorsqu'on arrive à cette révolution qui a interrompu pendant plusieurs lustres le règne des rois : « Parmi les grands conspirateurs de l'Angleterre, dit-il, on ne trouve qu'un seul grand homme, Cromwell, mais j'avoue aussi que c'était un grand scélérat. » Et bientôt après, mettant à côté de lui le général de l'armée fidèle au roi, le comte de Lancastre, il dit : « Tout le monde était convaincu que le parti où il se trouvait était le parti de l'humanité, de la justice et de la religion. » Mais' suivant encore ici sa pensée intime, il s'écrie : « Quel rôle il aurait pu jouer! »

On doit remarquer qu'il loue souvent, en oubliant ses principes, les révoltes nobles et pleines de bravoure et d'audace, mais qu'il méprise toujours les attaques ignobles. Lorsqu'on insulta la reine en refusant de la recevoir au château de Leeds, et que le roi leva sur-le-champ des troupes pour punir cette offense, Napoléon dit : « Quelle que fût l'infamie où se plongeait ce prince ignoble, il dut sentir que l'injure faite à la reine était sa propre injure ; il la vengea pour se venger lui-même. Mais quel prince! ajoute-t-il, et quel siècle! » Il est vrai qu'il n'y avait alors rien de grand ni de généreux, ni d'audacieux dans les partis qui se remuaient. Leurs chefs lui semblaient trop petits ; voilà pourquoi il ne pouvait partager l'opinion qui leur était favorable. Lorsque Louis dit que les chefs des rebelles étaient les évêques d'Herefort et de Lincoln et Mortimer, que le premier paraissait né pour bouleverser le monde, le second pour le gouverner, et le troisième pour le conquérir ; cette emphase déplut à Napoléon. « Notre auteur, dit-il, fait là trois grands hommes tels que l'histoire n'en offre aucun, même dans la personne du vainqueur de Pompée ; mais la conduite de ces triumvirs britanniques justifie peu ces superbes portraits. »

C'est alors que la reine d'Angleterre, Isabelle, se livrait à l'amour et à la politique avec Mortimer ; elle était en France, à la cour du roi Charles, son frère, qui l'aimait et la soutenait. Louis dit à ce sujet : « Le bruit des amours et des projets d'Isabelle passa bientôt jusqu'à Londres. L'honneur et la sûreté du trône parurent également en danger au monarque anglais. Il redemanda sa femme avec une colère et des hauteurs qui révoltèrent Charles. » Napoléon ajoute : « Une belle femme qui dispose de grands trésors ne manque nulle part de partisans ; mais ce sont là des hauteurs de sot et une colère de femmelette. Toutefois Charles avait-il raison de soutenir une reine adultère et une indigne sœur qui le déshonorait? »

Bientôt après, lorsque la reine fait son époux prisonnier, Napoléon remarque qu'il est des occasions où il est aussi embarrassant de réussir que d'échouer. Mais quant au roi, « il finit, dit-il, comme il avait commencé, en lâche. Prince immoral, époux d'une femme digne de lui, et père d'un fils parricide, Édouard a été le destructeur de la monarchie anglaise; en partageant l'autorité des rois avec son parlement, il laissa à sa nation une semence de guerres civiles que des torrents de sang n'ont pu étouffer. Ce triste roi fut la première victime de ses folles imprudences, et l'histoire d'Angleterre, qui n'est guère qu'une liste terrible des plus grands malheurs, n'offre peut-être pas des infortunes qu'on puisse comparer aux siennes. »

On voit comme la corde sensible, l'amour du despotisme. vibre toujours sous la parole de Napoléon. Il fait constamment l'éloge du pouvoir absolu, et la critique des rois qui le laissent affaiblir entre leurs mains : on voit aussi comme il réprouve autant qu'il dédaigne la faiblesse partout où il l'aperçoit; il faut toujours, pour obtenir de lui un éloge, qu'il y ait sous ses yeux quelque chose de grandiose. Il continue sur le roi Édouard dans le même esprit ; il pense que les Anglais ont trop vanté ce prince, et il dit : « Il se peut, après tout, qu'Édouard eût été un monarque parfait sur un autre trône. Mais celui des Anglais est si orageux et si glissant, que je le crois plus difficile à remplir que celui de la plupart des autres peuples. Il paraît que ce prince ne connut pas les intérêts de sa couronne, ou qu'il craignit le génie de ses sujets. Il manqua de lumières et de fermeté. Les brèches faites à l'autorité royale sous un roi méprisé devaient être au moins réparées par un prince admiré, avant que le temps les eût affermies. Il fallait, je l'avoue, braver quelques murmures et courir peut-être quelques risques pour y réussir, mais a-t-on droit au titre de grand, quand on est rebuté par de tels obstacles? »

Il aime, au contraire, à faire ressortir toujours la fierté et la grandeur des rois. « Jean le Bon, roi de France, montra, dit-il, la plus grande fermeté pendant tout le temps de sa détention en Angleterre. Édouard III lui ayant proposé la liberté à condition de lui faire hommage du royaume de France, comme relevant de celui d'Angleterre, il répondit : « Pourquoi me faire des propositions que je ne peux pas accepter? les droits de ma couronne sont inaliénables. »

Et c'est Napoléon qui rappelle ainsi, même après la révolution, et lorsqu'il venait de fonder un nouveau gouvernement dont il s'était fait le chef, que les droits de la couronne de France sont inaliénables. Il est assez étonnant de trouver ce mot-là sous sa plume.

On voit aussi que lorsque l'on parle des divisions dans l'État, il n'est jamais favorable au parlement. « On a pu le remarquer, dit-il, ce n'est que dans les malheurs de la patrie que ce grand corps a puisé ses droits. Il lui a fallu exciter des troubles ou les fomenter, pour parvenir à se rendre redoutable à ses *maîtres.* »

Nous sommes tellement étrangers aujourd'hui à cette ancienne manière de parler qu'il nous choque grandement d'entendre nommer maîtres les rois, et surtout maîtres du parlement les rois d'Angleterre. Cependant on n'est pas très-étonné que cette expression soit sortie dix fois de la plume de Napoléon dans le cours de cet ouvrage. C'était alors l'expression ordinaire; on n'avait pas la pensée de n'avoir pas de maître dans un pays.

Napoléon n'aime pas non plus les ambitieux à demi. Lorsque le duc d'York se fit proclamer protecteur du royaume: « C'en était trop, dit-il, pour un sujet et trop peu pour un homme qui prétendait ne plus l'être. Après avoir aspiré au trône, le duc ne devait se prêter à aucun accommodement qui l'en éloignât. » Il pense que le duc devait poursuivre jusqu'au dernier de ses adversaires. « On n'a pas triomphé, dit-il, tant qu'il reste un seul ennemi. » Et lorsque ensuite un autre duc d'York marche sur Londres à travers tous les obstacles, se met fièrement la couronne sur la tête et prend le nom d'Édouard IV, Napoléon s'écrie : « Voilà un roi! »

Cependant il fait aussi l'éloge de Marguerite : « C'était contre son inclination et contre sa coutume, dit-il, autant que contre ses intérêts, qu'elle ne s'était pas trouvée à l'action. Elle était restée auprès de l'imbécile roi pour le rassurer; et elle fut obligée de se retirer précipitamment en Écosse pour y préparer une nouvelle révolution. »

C'est à cette époque que l'ancien style des actes du parlement fut changé. Au lieu de dire comme autrefois : Accordé aux prières et aux supplications des communes par le roi et les seigneurs, on mit : Accordé par le roi et les seigneurs avec le consentement des communes. « Cependant, a dit Napoléeon, les Anglais ont encore trouvé cette autorité excessive; et la conséquence en a été que le parlement s'est mis insensiblement en possession de citer à son tribunal tous ceux à qui le roi a confié quelque partie de sa puissance. » Toutefois il réprouve la fin du règne d'Édouard IV : il aima trop le sexe et en fut trop aimé. « Ce goût extrême, dit-il, fit tort à la fortune d'Édouard et flétrit sa gloire. Il commença son règne en héros et le finit en libertin. »

Non-seulement cet ouvrage de Napoléon est empreint partout des marques de son caractère personnel, mais on y remarque des aperçus profonds et vrais avec une sagesse et une impartialité constantes; il dit de Richard III : « Il n'abandonnait rien au hasard dans ses entreprises, ce qui est souvent un défaut en politique; et ce système nuisit plus d'une fois à ses intérêts. » Et sous un autre rapport, on voit encore sa force et sa persévérance dans ses opinions politiques, lorsqu'il compare la situation de Henri VII, à son avénement, à celle de Louis XVI, au commencement de la révolution. Voici d'abord ce que l'on raconte : « Le généreux Stanley, qui avait eu plus de part que personne à la révolution, qui pensait en grand homme et qui s'expliquait avec liberté, prit la parole et dit au roi :

« Vous venez de faire tomber la couronne de dessus la tête d'un usurpateur et vous avez droit de la mettre sur la votre aux conditions qu'il vous plaira d'imposer. Guillaume Ier, dont la conquête a tant de rapports avec la vôtre, donna ses lois à l'Angleterre; ce héros et la nation s'en trouvèrent bien. Les priviléges dont triomphe le parlement et l'existence même du parlement sont des usurpations qu'il est de votre gloire d'anéantir ou de modifier. L'Angleterre, l'état le plus monarchique de l'Europe, a dégénéré en république par l'audace d'une assemblée dont vous-même vous avez éprouvé les fureurs. Les peuples ont abusé des circonstances pour ruiner l'autorité souveraine. Pourquoi des souverains n'auraient-ils pas droit de la recouvrer? Un roi véritablement roi doit rendre au trône toute la majesté que de faibles monarques lui ont laissé ravir. »

Napoléon ajoute à la suite de ce discours : « Si Louis XVI, roi bon et pacifique, eût eu des conseillers comme le sage et courageux Stanley, et qu'il eût suivi leurs conseils en 1788, la révolution était retardée de cent ans, et la monarchie absolue, se relevant du sein de ses ruines, l'aurait peut-être ajournée indéfiniment; mais le petit-fils de Henri IV n'était, dis-je, que pacifique et bon. »

Et appliquant ensuite ses observations au gouvernement actuel de l'Angleterre, il dit : « Si on s'expliquait sur l'étendue de la prérogative royale au sujet de la pairie, on ferait voir que depuis Édouard III jusqu'à Henri VII, la création d'un pair ne s'est jamais faite sans le consentement du parlement ; qu'après Henri VII, la couronne s'attribua exclusivement cette prérogative ; que pendant la guerre d'Amérique, elle en a joui sans réclamations, et que c'est un principe admis aujourd'hui que la création des pairs appartient incontestablement à la couronne. Grand moyen pour un vrai monarque d'obtenir la majorité dans la chambre des pairs, comme un peu d'or ou une place la lui donneront toujours aisément dans celle des communes. »

Le règne de Henri VIII a attiré un moment l'attention de Napoléon à cause du grand événement qui marqua cette époque, la séparation de l'Angleterre avec l'Église romaine : « Henri VIII, dit-il, resserra les liens qui attachaient à lui ses sujets en brisant ceux qui les tenaient attachés à Rome. Les Anglais trouvèrent singulier d'être les arbitres de la religion de l'État ; et ils se livrèrent à ce changement de scène avec une fureur qui n'est pas d'un peuple philosophe, mais qui était favorable aux desseins d'un tyran. Toutefois l'amour seul dirigeait ce prince immoral et sanguinaire ; mais il avait à peine changé la religion des Anglais, qu'une partie du peuple et les meilleurs politiques aussi regrettèrent les cérémonies de l'Église romaine. »

Vient ensuite Élisabeth, dont Napoléon apprécie le caractère. On doit souvent aux circonstances la moitié de ce l'on est, et il pense que le hasard n'a pas favorisé cette reine. « Si elle eût trouvé, dit-il, parmi ses amants un vrai guerrier, elle eût été par lui un conquérant, comme Sémiramis, ou Zénobie, ou Catherine. Elle unissait les petites vanités de femme avec les sentiments des grands hommes, les ridicules d'un sexe avec les qualités de l'autre, beaucoup des défauts d'un particulier avec tout ce qui forme un souverain parfait. Pour être jugée exactement, Élisabeth ne doit l'être que par des hommes d'État et des rois. »

Ensuite vient son jugement sur le roi Jacques; il le trouvait indécis, manquant de résolution, parce qu'il voulait être juste et sage. « Dans un monarque, dit-il, l'irrésolution est un défaut; dans un particulier elle ne l'est pas toujours, pourvu qu'elle soit courte; mais dans un conquérant, l'irrésolution est la sœur de la sottise. Personne ne portait plus loin que Jacques les prétentions de la royauté, et peu de princes ont contribué autant que lui à l'avilir. On ne pouvait être guère plus grand dans les projets et plus petit dans l'exécution : il pensait en législateur, il agissait en femme. »

Louis Bonaparte, au sujet de ce règne, rappelle les accusations qui ont été lancées contre les jésuites, et néanmoins, il fait leur éloge. « Ces pères, dit-il, qui portaient l'humanité, les arts, la religion dans tout l'univers, qui étaient législateurs dans le Paraguay, savants dans la Chine, missionnaires dans le Canada, et martyrs partout où il fallait l'être, furent accusés d'être factieux dans la Grande-Bretagne. Ils s'en défendirent constamment sans s'en être jamais justifiés. Trois raisons faisaient douter de leur innocence, parce qu'il règne de l'aigreur dans leur apologie; mais il n'y en avait pas dans leur caractère, parce qu'ils ont cherché, disait-on, à étayer leur défense d'un miracle, ce qui ne prouve rien; et, enfin, parce qu'on les voyait à la tête des catholiques du pays; mais c'est un rang que leur donne partout ailleurs leur mérite. »

C'est à ces louanges que Napoléon répond : « Monsieur mon frère, déjà atteint d'anglomanie, est aussi un peu entiché de jésuitisme. » Mais il avait donc oublié que lui-même, dans une autre note, avait pris la défense des jésuites. Lorsqu'on énumérait les ennemis de la reine Élisabeth, il disait que c'était des écrivains passionnés qui accusaient les jésuites; il ajoutait que c'était *calomnieusement* qu'on avait dit que cette congrégation était une épée nue dont la poignée était à Rome. Et ici il faut écarter tout esprit de parti; il ne s'agit pas de savoir si elle a été trop puissante, intolérante et perverse; il s'agit seulement d'examiner en fait quels ont été les rapports des jésuites avec les papes, et je crois que Napoléon, qui avait bien profondément étudié l'histoire, avait remarqué deux faits qui ne sont pas contestables, c'est que les jésuites ayant dans tous les temps et dans tous les pays rencontré un grand nombre d'obstacles, ont eu toujours et partout bien plus besoin des papes que les papes n'ont eu besoin d'eux, et que l'on peut compter un bien petit nombre de papes qui leur aient été dévoués. Voilà pourquoi Napoléon regardait avec raison comme fausse cette comparaison des jésuites à une épée nue, et niait aussi que sa poignée fût à Rome.

On passe ensuite au règne de Charles Ier. On sait combien il fut gêné d'abord par le parlement, et Napoléon n'aimait pas ces assemblées toujours désagréables, disait-il, quand elles sont innocentes et impuissantes, et toujours nuisibles quand elles sont puissantes et factieuses Aussi lorsque Louis, quelques années après, lui représentait les égards qu'il devait conserver envers les États de Hollande, représentants de la nation, et s'étendait un peu trop peut-être sur les doctrines constitutionnelles, Napoléon lui répondit assez brusquement : « Quoique je n'aie jamais dit que vous ne deviez pas consulter la nation, il était inutile de me faire un étalage de principes ; il était inutile même de m'en parler. » Il disait très-vrai. Il ne sert à rien de retracer des principes à celui qui se sent assez fort pour n'avoir pas besoin de s'y soumettre.

Au surplus il ne pouvait guère applaudir à ces égards envers une nation qu'il a caractérisée en la proclamant souple et fallacieuse en même temps, « C'est chez elle, disait-il, que se fabriquent toutes les nouvelles qui peuvent être défavorables à la France. » Il ajoutait : « Tout le pays de Hollande est entaché d'anglomanie, et le roi en est le premier smoggleur. »

Je dois faire remarquer ici que dans ses notes antérieures sur l'histoire d'Angleterre, Napoléon a exprimé très-franchement dans le même sens son opinion sur les hommes et sur les choses. Ainsi il fait constamment l'éloge des mesures fortes et des caractères audacieux. Il réprouve les demi-termes et les concessions, ainsi que les rois faibles qui se laissent rebuter par des obstacles ou gêner par des formes dans leur gouvernement.

Cependant peu d'années auparavant il s'était hautement déclaré républicain, il avait prêté serment à la république. Ses paroles sacramentelles sont remarquables. Dans le conseil des anciens, à la tête des généraux, il a dit : « Nous voulons une république fondée sur une vraie liberté, sur la liberté civile, sur la représentation nationale. Nous l'aurons. Je le jure en mon nom et en celui de mes compagnons d'armes. »

On peut comparer cette profession de foi avec tout ce qu'il a dit de la souveraineté dans les divers jugements qu'il a portés sur les événements et sur les personnages du règne de Charles Ier. Il a peint d'abord le favori Buckingham : « Assis à côté du trône dès qu'il parut à la cour, et accoutumé aux complaisances auprès des rois, il détestait les sujets qui osaient lui faire quelque résistance, et il les poursuivait avec fureur, mais sans lâcheté. La dissimulation fut toujours un crime à ses yeux. Dans ses vengeances, l'éclat précédait la foudre et ses ennemis furent toujours avertis du mal qu'il voulait faire. » Quant au roi Charles, Louis rappelle que pour pouvoir se passer du secours que ses prédécesseurs tiraient ordinairement de ces assemblées, il fit revivre les lois abolies par la coutume, imposa des taxes refusées par le parlement et exigea des contributions nouvelles. Le principe était, ajoute Louis, que le parlement ne devait son existence qu'à la concession des rois, et que cette concession pouvait être révoquée. Il en résultait naturellement que le roi pouvait gouverner sans parlement, et par conséquent imposer des taxes sur son peuple, comme il le jugerait à propos pour le soutien du gouvernement.

Napoléon répond : « Ces principes seront toujours les meilleurs; et puisque ces principes étaient ceux de l'Angleterre, le roi Charles avait le droit d'être aussi absolu qu'aucun monarque qui ait jamais porté la couronne. » Et lorsque Louis, qui se contredit assez souvent, écrit que tous ces principes tendaient à établir un gouvernement arbitraire et par conséquent injuste, Napoléon prend bien vite la défense du pouvoir absolu : « La conséquence, dit-il, n'est pas d'une grande justesse; quand l'arbitraire est en bonnes mains, il peut fort bien s'accorder avec la justice. » Et un peu plus loin, regardant apparemment comme ces bonnes mains celles du cardinal de Richelieu, il l'élève bien haut. « Ce grand ministre, dit-il, ou plutôt ce grand roi, eut le privilége unique de rendre utiles à l'État ses passions et ses talents, ses vices comme ses vertus. »

C'est la première fois sans doute qu'on ait nommé Richelieu un roi et un grand roi, et cependant cette expression est juste, puisqu'il exerçait l'autorité royale et grandement.

Napoléon, suivant toujours les mêmes idées, applique à Charles Ier les défauts qui empêchent d'être grand roi, surtout l'indécision. « Point d'hésitation, dit-il, dans les grandes crises, elles tuent souvent et ne sauvent jamais. Charles pouvait combattre et vaincre; il hésita et fut perdu. » Il ajoute : « César hésita sur les bord du Rubicon, il ne fut pas *lui* ce jour-là. Une des grandes vertus militaires c'est de n'hésiter jamais alors qu'il faut agir. » Au surplus il n'aimait pas plus l'indiscrétion que l'indécision. Il écrivit un jour à Louis son frère : « Il faut qu'une chose soit faite pour qu'on avoue d'y avoir pensé. »

Il y eut cependant un moment de retour de l'opinion publique en Angleterre en faveur du roi Charles. Depuis longtemps, les bons citoyens, que l'amour de l'ordre avait autrefois aigris contre ses usurpations, détestaient dans leur cœur les entreprises des factieux qui usurpaient son autorité; ils trouvaient plus étrange encore que le parlement voulût gouverner sans roi, qu'ils n'avaient trouvé mauvais que le roi voulût se passer de parlement. La constitution anglaise était en effet plus altérée par l'un que par l'autre. Napoléon ne trouve pas ces paroles assez expresses. Il propose d'ajouter ces mots : « Et l'Europe apprit avec joie que la fidélité pour le souverain n'était pas une vertu tout à fait bannie de l'Angleterre. » Aussi l'homme de bien qu'il loue dans ces circonstances est Strafford, l'ami du roi. Napoléon déclare que « malgré une trop haute opinion de lui-même, Strafford a été le premier des hommes de son temps. « Il dit aussi que la révolte unissait alors deux nations qui étaient divisées par une antipathie de quinze siècles. » Puis il excuse le roi : « Charles pouvait tout et n'osa rien, dit-il; mais les fautes qu'on fait dans les grandes places, ne sont pas toujours libres; ce sont souvent des suites malheureuses et nécessaires des fâcheuses situations où l'on se trouve. »

C'est ainsi que Napoléon cherche toujours à défendre les rois absolus et même ceux qui ont eu seulement le désir de l'être. C'est la plus glorieuse entreprise à ses yeux de vouloir s'emparer du pouvoir, de dominer seul en s'élevant au-dessus des lois, et de renverser toutes les entraves et toutes les barrières qui ont été posées dans toutes les nations contre l'arbitraire et le despotisme. Il réprouve, au contraire, tous ceux qui n'ont été, comme il l'a dit lui-même de Louis XVI, que pacifiques et bons. Il porte cette pensée partout, car il l'applique non-seulement aux rois, mais encore aux hommes d'État lorsqu'ils n'ont pas été assez ambitieux, lorsqu'ils ont fait leur devoir avec sagesse et dévouement envers leur patrie, avec dévouement aussi et fidélité envers le prince auquel ils s'étaient attachés.

Il est, par exemple, extrêmement curieux de voir quelle est la conduite qu'il eût voulu que Montrose eût tenue. On sait que cet ami de Charles Ier ne l'a jamais abandonné; il possédait toute la confiance du roi, qui l'aimait; ils étaient tendrement liés l'un à l'autre, et tant que Charles fut heureux, Montrose fut son favori; mais aussi, dès que Charles fut malheureux, Montrose devint son courtisan; il lui fut, dans l'une et l'autre fortune, également dévoué, et lui resta toujours fidèle.

Mais il est vrai que Montrose fut assez puissant pendant quelques années pour pouvoir s'emparer du trône en immolant Charles, s'il l'eût voulu; il ne le voulut pas, c'est là ce que Napoléon lui reproche. Lorsque Louis parle de Montrose, il dit : « Ce grand homme préféra la gloire de bon sujet. » Napoléon s'écrie aussitôt : « Et c'est par cela précisément que Montrose n'est pas un grand homme : il devait sauver Charles, il le pouvait; mais après avoir délivré ce faible et malheureux monarque, il pouvait le déporter, l'embarquer pour la France, et il devait sur-le-champ se saisir de la couronne. »

Voilà, dis-je, la conduite que Napoléon pense que Montrose devait tenir. C'est comme s'il eût dit : Il devait faire comme moi, et c'est ainsi que nous jugeons toujours les autres d'après nous-mêmes.

Mais pourquoi Napoléon loue-t-il Strafford de sa fidélité, et réprouve-t-il celle de Montrose? Parce qu'il pense que Straford n'eût jamais un grand pouvoir; qu'il fit donc bien de se tenir par la vertu le premier, dit-il, quand il ne pouvait pas l'être par ce qu'il appelle la gloire.

Et dans ce règne si dramatique de Charles Ier, il est très-intéressant, sans doute, mais il est aussi très-important, aux yeux de ceux qui méditent sur l'histoire, de connaître quels ont été quelques-uns des jugements de Napoléon; il réprouve avec force le meurtre de Charles Ier, comme il a toujours réprouvé avec horreur celui de Louis XVI. Mais il méprise souverainement les hommes et les gouvernements qui les ont laissé commettre l'un et l'autre, et ne les ont pas vengés. Voici ce qu'il dit de celui de Charles Ier : « C'était un attentat, et il était commun à tous les rois, et tous les souverains auraient dû s'unir pour le venger; et, au contraire, tous applaudissaient à l'injustice par crainte et par intérêt. Toute l'Europe s'humilia et se tut. »

En même temps, il juge l'homme principal de cette époque, celui qui fit la révolution et en profita. Napoléon, peut-être, aurait dû aimer Cromwell, son prédécesseur en audace et en usurpation. Mais Napoléon, qui a fait tuer tant de milliers d'hommes sur les champs de bataille rouges de sang, comme à Eylau, n'était pas sanguinaire ; il répugnait aux crimes de Cromwel, mais il admirait son ambition couronnée de succès ; il a imité le protecteur de l'Angleterre, en prenant le titre de protecteur de la confédération du Rhin, et voici le jugement qu'il a porté : « Quant à Cromwel, ce ne fut pas un de ces hommes qui ont paru indignes du trône aussitôt qu'ils y sont parvenus. C'était un caractère né pour faire la destinée des nations, des empires et des siècles. On ne peut le louer sans horreur ni le mépriser sans injustice. »

Vient ensuite cette fameuse restauration qui rendit le trône à Charles II. Un général, Lambert, lutta le premier contre Cromwel. « Il aurait été son successeur, si une seconde usurpation eût été aussi facile que la première. » Napoléon ajoute : « La tyrannie de l'un avait averti les Anglais de se précautionner contre celle de l'autre. » Et il appelle un malheur l'empêchement que Lambert rencontra dans sa situation, en ne pouvant pas s'emparer de la couronne. « Le malheur de Lambert, dit-il, est d'être venu quelques années trop tard. »

Il remarque aussi qu'à la honte des rois, Charles II était abandonné. On sait, en effet, que les puissances étrangères ne prêtèrent aucun secours à ce prince ; que ce fut dans le sein même des trois royaumes qu'il trouva son seul défenseur au sein des armées nationales. Louis raconte ce mouvement avec enthousiasme, et il nomme Monck un héros. Cet éloge ne pouvait pas convenir à

Napoléon, puisque Monck a fait tout le contraire de ce qu'il a fait lui-même. Aussi ce seul mot le rappela à lui-même, il reporta sur-le-champ sa pensée à sa propre histoire et s'écrie : « M. Louis a bientôt créé un héros ! Si Monck le fut, Pichegru et Moreau avaient plus de moyens et plus de droits pour l'être. »

Et comme Louis avait dit que des historiens conjecturent que Monck n'est devenu vertueux qu'après avoir désespéré de voir son ambition couronnée, Napoléon en prend avantage pour répondre : « Quand on désespère de voir, comme l'a dit l'auteur, son ambition couronnée, devient-on vertueux en servant un monarque à la tête d'une bonne armée contre un faible parti, dans l'assurance d'une haute fortune ? »

On voit que Napoléon n'aimait pas Monck et le dénigrait, et cela, je le répète, en reportant sa pensée sur lui-même, parce qu'il n'avait pas voulu agir comme lui; mais en même temps il prétendait que les vertus seules rendent dignes du trône ; et lorsque Louis dit de Charles II : « C'était le prince le plus caressant et en même temps le plus ingrat, » Napoléon ajoute : « Il se croyait dispensé de payer des services, parce qu'il était persuadé qu'on ne les lui rendait que par intérêt; mais un vrai monarque entendra mieux le sien, et fût-il né ingrat ou égoïste, il saura se montrer reconnaissant. »

On a regardé le livre du *Prince* de Machiavel, comme le manuel des despotes; je crois qu'on fera le même honneur à ce recueil des notes de Napoléon. Le même caractère y est empreint ; non-seulement il semble se plaire, comme je l'ai déjà montré, à l'éloge du pouvoir absolu, mais il en proclame nettement l'excellence. « Le gouvernement arbitraire, dit-il, est le meilleur et le plus solide de tous; quand un roi sage, éclairé, ferme, le dirige lui-même. » Toutefois, il faut dire à la décharge de Napoléon qu'on doit se reporter à l'époque où il prononçait ces décisions, qui ne peuvent plus être approuvées aujourd'hui. Un gouvernement constitutionnel, dont on n'avait pas encore la pensée en 1806, à l'époque où Napoléon écrivait ces notes, sera toujours meilleur pour une nation et pour le prince lui-même, qu'un gouvernement despotique ; mais il faut dire aussi que tout gouvernement est bon en fait quand un roi sage, éclairé et ferme le dirige lui-même. La phrase de Napoléon n'est donc nullement concluante. La grande difficulté est de trouver ce roi sage, éclairé et ferme.

Napoléon cherche ensuite à justifier l'arbitraire. « Ce mot révolte, dit-il; il dérive pourtant d'arbitre, et tous les jours les zélateurs d'une liberté sans mesure ont, dans leurs contestations particulières, recours à l'arbitrage. » Ici encore, Napoléon commet une erreur bien sensible. Quand on fait résoudre une contestation par un arbitre, il a lui-même des principes qui le dirigent, des règles qui le dominent, des lois qu'il ne peut ni changer ni modifier, et qu'il ne lui est pas permis d'enfreindre. Il juge comme arbitre, mais non pas avec arbitraire; au contraire, le souverain qui possède un pouvoir arbitraire décide sans principes et sans règles, aujourd'hui différemment de ce qu'il a ordonné hier ; et même, lorsque quelque loi le gêne, il l'interprète ou l'annule à son gré. Ce gouvernement est le pire de tous, non-seulement pour la nation, où personne n'est sûr de rien, où aucune conduite ne donne la sécurité aux hommes sages et tranquilles ; mais aussi pour le roi lui-même, qui par cela même qu'il peut tout et qu'il fait tout, est à la merci de tous les reproches et de toutes les haines, puisque lui seul est responsable de tout ce qui semble déplaisant ou nuisible.

Mais en 1806, Napoléon avait la prétention d'avoir rallié tous les partis, et surtout les royalistes et les républicains. « Je les ai protégés tous également, disait-il, ils sont heureux. »

Cependant il ménageait principalement les anciens républicains qui avaient pris part à toutes les scènes les plus déplorables de la révolution, qui avaient concouru aux délibérations les plus odieuses de la Convention, qui avaient voté la mort du plus juste, du plus religieux, du plus humain des rois, et qui, aussitôt qu'ils avaient vu s'élever un pouvoir fort, avaient couru lâchement abriter sous lui leurs crimes et recueillir un nouveau genre de servilité.

Aussi, lorsque Louis fait l'éloge de Shaftesbury, qui, en passant plusieurs fois des chambres au roi et du roi aux chambres, devint enfin le chef des parlementaires, Napoléon répond : « Depuis 89, beaucoup d'hommes prudents et sages ont aussi changé de parti cinq à six fois, sans inconstance et avec probité ; mais ils sont fixés aujourd'hui. »

Ceci est remarquable ; il croyait que son empire était

le gouvernement à jamais définitif. Il ajoute : « Nos politiques à vues courtes les approuvent d'autant moins qu'ils ne sauraient comprendre l'apologie précise du fameux Shaftesbury. »

Lorsque vient ensuite le règne de Jacques II, et lorsqu'on massacre tous les catholiques en accusant les jésuites de vouloir renverser le gouvernement parlementaire, lorsque le peuple croyait, dit-on, que leur général avait amassé de si grands trésors, donné de si bons ordres, levé de si nombreuses armées, trouvé des généraux si expérimentés, choisi des ministres si habiles, que deux heures devaient suffire pour achever la révolution, Napoléon dit : « La postérité aura peine à croire qu'une des nations les plus éclairées de l'Europe ait été assez aveugle pour donner croyance à cette rêverie, ou assez cruelle pour verser du sang sans y ajouter foi. »

« Le roi Jacques, dit-il, était tour à tour faible ou violent ; et alors les ministres et les courtisans étaient aussi tour à tour violents on faibles ; tels maîtres, tels valets. Cependant il avait des amis parce qu'il méritait d'en avoir. »

Louis ajoute : « Ce fut peut-être un malheur que les maîtresses de ce prince ne se mêlassent pas du gouvernement. Jacques n'aurait pas été le premier monarque qu'elles auraient rendu grand. Il y a apparence que leur esprit ressemblait à leur figure, toujours si laide, que Charles II disait qu'il semblait que son frère reçût ses maîtresses des mains de ses confesseurs, qui les lui donnaient pour pénitence ; » et Napoléon rappelle ensuite que Charles II disait aussi : « Monsieur mon frère est un excellent catholique, il pourrait dédier sa vie entière au très-saint père. »

Bientôt se prépare l'entreprise de Guillaume le stathouder contre l'Angleterre. Il était retenu par l'incertitude de l'événement, et Napoléon fait une observation remarquable à ce sujet. « Le succès, il est vrai, dit-il, pouvait diminuer l'horreur de cet attentat; mais il fallait ou réussir ou s'attendre à être la fable de l'Europe et l'exécration du genre humain. »

D'autre part, il blâme fortement le roi Jacques; « il avait manqué d'intelligence pour découvrir la conspiration, et d'activité pour la prévenir; il manqua de fermeté pour la surmonter. Un air assuré aurait retenu dans le devoir ceux qui avaient le plus de penchant à la rébellion, au lieu qu'un abattement excessif ébranla les plus fidèles. Pauvre Jacques! » Mais bientôt après vient le jugement suprême de Napoléon sur la souveraineté; c'est à cette époque que le parlement s'assembla de lui-même et déclara le trône vacant; Louis réprouve cet attentat aux droits de la royauté : « En effet, dit-il, lorsque la nation ayant éprouvé les horreurs de l'anarchie, en a cherché la fin dans le sacrifice de sa liberté, n'est-elle pas en contradiction avec elle-même si elle se croit en droit de la recouvrer? Dès qu'on suppose que la puissance suprême a été cédée au monarque, il est évident que la nation a perdu ses droits. On ne nie pas qu'il puisse arriver que le roi abuse de son pouvoir contre ses sujets; mais ce malheur est beaucoup moins à craindre que l'horrible désordre et la sanglante confusion qu'amène le gouvernement populaire. » Napoléon répond : « Oui, le remède est toujours infiniment plus dangereux que le mal. L'anarchie est mille fois plus funeste que le despotisme. Franchement, notre historien a souvent des principes dignes d'un véritable roi. » Cet éloge, il le donnait probablement à son frère comme en prévision d'une royauté qu'il projetait peut-être déjà de lui donner et qu'il voulait lui faire espérer.

Napoléon estimait peu Guillaume : « Chef d'une dynastie nouvelle, Guillaume Ier est remarqué dans les annales britanniques, mais dans celles du monde il n'est qu'un roi du second rang. Il ne forma presque point de siéges qu'il ne levât, ne donna point de batailles qu'il ne perdît, ne se mesura à aucun général sans être battu. C'est avoir fini son éloge militaire que de dire qu'il fut brave ; encore l'était-il moins par héroïsme que par religion. Il était *prédestinatien.* »

Mais lorsque Louis blâme Guillaume d'avoir protégé les réfugiés protestants et d'avoir obtenu leurs éloges, Napoléon se fâche[1] : « Il est étonnant, dit-il, qu'un Français fronde les réfugiés pour avoir exalté le protecteur de ces familles nombreuses qu'avait proscrites un Hercule tombé aux pieds d'Omphale-Maintenon. » Il ajoute encore : « Le règne de Louis XIV, qui avait commencé par des prodiges de grandeur et de gloire, finissait par des prodiges d'abaissement et d'humiliation ; » et il fait ensuite un éloge modéré de notre plus célèbre adversaire à cette époque : « Les Anglais se trompent, dit-il, ou plutôt cherchent à nous tromper, quand ils disent que Marlborough a réuni la valeur de Condé, l'habileté de

Turenne et le bonheur de Luxembourg. Mais sans prouver que César pouvait être égalé, comme le répètent sans cesse ses panégyristes, il est certain que l'offensif Marlborough fut un grand général. »

Toutefois on a vu combien Napoléon professait de sentiments français. Il écrivit un jour à Louis : « Je ne me sépare pas de mes prédécesseurs. Depuis Clovis jusqu'au comité de salut public, je me tiens solidaire de tout. » C'était en vérité dire beaucoup ; car il n'est pas un roi, je crois, qui voulût accepter la responsabilité de la Saint-Barthélemi, et pas un gouvernement qui acceptât celle des échafauds de 1793 ; et lui-même les a souvent fortement réprouvés. Mais il appliquait le sentiment qu'il exprimait à ce qui se passait alors autour de lui : « Je sais qu'il est venu de mode parmi de certaines gens, disait-il, de faire mon éloge et de décrier la France ; mais le mal qu'on dit de gaieté de cœur des gouvernements qui m'ont précédé, je le tiens comme étant dit dans l'intention de m'offenser. Ceux qui n'aiment pas la France ne m'aiment pas ; ceux qui disent du mal de *mes peuples*, je les tiens pour mes plus grands ennemis. »

Il a été bien plus loin encore lorsque Louis, étant roi de Hollande, préféra les intérêts hollandais aux intérêts français. Il lui écrivit alors · « Votre Majesté trouvera en moi un frère si je trouve en elle un Français. Mais si elle oublie les sentiments qui l'attachent à la commune patrie, elle ne pourra pas se plaindre de ce que j'oublierai ceux que la nature a placés entre nous. »

Il l'insultait même quelquefois sur son humeur qui

provenait de son état de santé habituellement maladif. Il lui dit, dans une de ses lettres : « Louis, vous ne voulez pas régner longtemps, car c'est avec de la raison et de la politique que l'on gouverne les États, et non avec une lymphe âcre et viciée. »

On se rappelle enfin la lettre que Napoléon écrivit à son frère le 24 mai 1810 :

« Mon frère, au moment où vous me faites les plus belles protestations, j'apprends que les gens de mon ambassadeur ont été maltraités à Amsterdam.

» Mon intention est que ceux qui se sont rendus aussi coupables envers moi me soient livrés, afin que la vengeance que j'en tirerai serve d'exemple.

» Le sieur Serrurier m'a rendu compte de la manière dont vous vous êtes conduit à l'audience diplomatique.

» Je vous déclare donc que je ne veux plus d'ambassadeur de Hollande à Paris ; l'amiral Verhuell a ordre d'en partir dans vingt-quatre heures.

» Ce ne sont plus des phrases et des protestations qu'il me faut.

» Il est temps que je sache si vous voulez faire le malheur de la Hollande, et par vos folies causer la ruine de ce pays.

» Je ne veux pas non plus que vous envoyiez de ministre en Autriche.

» Je ne veux pas non plus que vous renvoyiez les Français qui sont à votre service.

» J'ai rappelé mon ambassadeur ; je n'aurai plus en Hollande qu'un chargé d'affaires.

» Le sieur Serrurier, qui y reste en cette qualité, vous communiquera mes intentions.

» Je ne veux plus exposer un ambassadeur à vos insultes.

» Ne m'écrivez plus de vos phrases ordinaires. Voilà trois ans que vous me les répétez, et chaque jour en prouve la fausseté.

» C'est la dernière lettre de ma vie que je vous écris.

» Napoléon. »

Il est vrai que six semaines après avoir reçu cette dernière lettre, Louis abdiqua noblement.

Mais on sait que Napoléon ne fut mécontent de son frère, après l'avoir fait roi, que parce qu'il le trouva sur le trône de Hollande trop Hollandais et trop peu Français.

Louis avait senti que les intérêts de la nation qu'il était appelé à gouverner étaient intimement liés à ceux de l'Angleterre. Le commerce est tout pour la Hollande, dont l'existence dépend en réalité de sa prospérité, et les relations financières avec l'Angleterre forment presque en entier le revenu de tous ses citoyens.

Napoléon, à l'époque où il écrivait sur le manuscrit de son frère ces notes concernant l'histoire de la Grande-Bretagne, était déjà très-préoccupé de la force de cette puissance qu'il considérait toujours sous le rapport de sa rivalité avec la France. J'ai dit qu'il rendait souvent hommage aux nobles qualités des Anglais, mais il ne se regardait pas moins comme leur ennemi. On sait qu'il répétait souvent : qu'il était né en Corse justement à l'époque où cette île était française, et il s'en faisait grandement honneur; et à ses yeux être Français c'était, dis-je, être ennemi de l'Angleterre.

En effet, quelques années avant la révolution française, l'opinion publique exprimait le même sentiment. C'est alors qu'un ouvrage historique a paru, qui ne méritait réellement aucune célébrité. Écrit sagement, mais froidement, avec du bon sens et de la raison, sans talent et sans esprit, il eut tout à coup un grand succès, et la cause en fut uniquement dans le titre. Gaillard l'avait nommé Histoire de la rivalité de la France et de l'Angleterre, et sur-le-champ tout le monde l'acheta; non-seulement il fut lu et grandement loué, mais il fut proclamé livre de bibliothèque et chacun voulut le montrer dans la sienne. Ce titre a fait beaucoup de mal; il a excité une opposition dans les deux pays contre ce qui provenait de l'une à l'autre, et il fut regardé comme patriotique dans chacun d'eux de décrier son rival.

Napoléon avait été élevé au sein de cette haine mutuelle qui régnait surtout dans l'École militaire, où les jeunes élèves se regardaient plus particulièrement destinés à combattre contre la puissance anglaise que contre toute autre. On voit aussi dans les notes qu'il écrivit combien il s'animait toutes les fois qu'on paraissait placer cette puissance au-dessus de celle de la France; il ne supportait dans aucun genre cette supériorité, pas même sur mer, où cependant l'opinion générale la proclamait. Voici quelle est sa note à ce sujet : « L'orgueil de la suprématie maritime, dit-il, qui pourrait aspirer bientôt à la monarchie continentale, vient surtout des rois d'Angleterre. Dès le dixième siècle, Edgar, roi de cette île, rassembla quatre mille petits navires; il se crut maître de la mer; il voulut se faire appeler empereur et seigneur de tous les rois de l'Océan et de toutes les nations qu'il entoure. Au douzième siècle, Jean Sans-terre fit une loi pour exiger le salut de tous vaisseaux étrangers, sous des peines corporelles. Au quinzième siècle, Édouard Ier ordonna à tous ses officiers de marine de maintenir sa souveraineté sur les mers d'Angleterre. Au dix-septième siècle, Charles II fit frapper deux médailles portant pour inscription : la première, L'empire des mers est en notre pouvoir; la seconde, La mer nous est soumise. A la fin du dix-huitième siècle, Georges III publia ces paroles caractéristiques à la face de l'Europe et de la France libre : « Sa Majesté est dans l'intention inaltérable et décidée de n'admettre aucune proposition de la part de ses ennemis, au sujet des droits et des prétentions des puissances maritimes. » Le parlement, presque toujours vénal, dut approuver ce manifeste tyrannique. »

On voit éclater le même sentiment de jalousie dans l'âme de Napoléon, lorsque Louis rappelle la lettre du roi d'Angleterre au roi de Naples, portant ces mots : « Ouvrez votre port à ma flotte, ou je vais bombarder votre capitale, » Napoléon dit : « Ce procédé diplomatique aliéna à jamais Charles II, roi de Naples, qui, élevé depuis sur le trône d'Espagne, voua à l'Angleterre une inimitié éternelle. Chaque monarque de ce dernier royaume devrait avoir un semblable grief contre le cabinet de Londres, afin de conserver ses possessions espagnoles en Amérique. »

Louis se plaît à accumuler tous les reproches que la France a pu faire au gouvernement anglais; quelles humiliations ne chercha-t-il pas, dit-il, à nous prodiguer! Quelle hauteur n'affecte-t-il pas contre nous, tandis qu'il rampe à Pétersbourg! « Oui, réplique Napoléon, c'est le gouvervement anglais qui, le premier, donna aux chefs de la Russie le titre d'empereur. » Louis censure ensuite la diplomatie anglaise : « Le système diplomatique de l'Angleterre, dit-il, est d'employer toujours dans ses diverses ambassades des hommes qui sachent unir trois principales qualités, celles d'être sans cesse de bons observateurs, des séducteurs hardis, des négociateurs aussi adroits qu'impérieux; et alors Napoléon répond : « M. le philanthrope ne connaît rien à la diplomatie; je voudrais que tous mes ambassadeurs eussent les qualités qu'il blâme dans ceux des Anglais. » Aussi lorsque Louis veut de la sincérité et de la clarté dans la diplomatie, il révolte le sentiment intime de Napoléon, qui ne peut entendre sans impatience le langage de l'honnêteté politique. « Il serait beau, a dit Louis, de régénérer cette partie si importante du droit des gens qui consiste dans la manière de diriger les relations étrangères. Il serait beau d'en bannir, par une franchise énergique et une justice imperturbable, ce langage dilatoire, obscur et astucieux, et cet esprit transacteur qui déshonore l'autorité nationale, blesse la foi publique et corrode les droits des autres nations. Il faut changer enfin la tactique fallacieuse de l'Europe comme nos braves ont changé sa tactique belligérante. La franchise et la probité sont aux communications diplomatiques ce que la baïonnette et notre pas de charge sont aux chocs des armées. Il n'y a guère que les gouvernements injustes, perfides et ambitieux qui craignent d'être pénétrés. En portant la lumière dans nos négociations, nous éclairerons celles des autres cours. Si nous agissons autrement, nous serons seuls. » Que répond Napoléon? « Notre penseur, dit-il, est né républicain, il déraisonne en politique. Je n'en ferai jamais qu'un obscur bibliothécaire, comme R... A... T, car il serait un pauvre ambassadeur.»

Plus loin, revenant aux théories gouvernementales, Napoléon met en opposition la légitimité avec la souveraineté du peuple : « La souveraineté du peuple, dit-il, est une des chimères de nos idéologues, démocrates sans énergie et républicains sans pouvoirs; mais nos jacobins, connus et démasqués, n'ont pu s'en faire un parachute. Quant à la légitimité des monarchies héréditaires, c'est une grande question : elle est inabordable de nos jours; le pour et le contre, si on la pouvait agiter, y brilleraient également. »

Rappelons ici que celui que l'on a voulu très-indûment qualifier du titre du républicain Bonaparte, quoique ces deux mots jurent ensemble et semblent étonnés d'être rapprochés, Lucien, a, il est vrai, mieux qu'aucun autre, caractérisé parfaitement la souveraineté du peuple; mais il n'en a fait l'éloge qu'en l'associant, pour ainsi dire, aux destinées de sa famille, afin de célébrer l'élévation de son frère et de la justifier. Ainsi lorsqu'il a parlé de la proclamation de l'empire à la place de la république, Lucien, qui a été si vivement et longuement opposé à ce renversement de la constitution consulaire qu'il avait faite et qu'il regardait comme sa fille la plus chérie, Lucien dit : « Le vote universel, libre et trois fois exprimé, a consacré ce changement de principes du peuple français. » Et c'est alors que s'élevant sur-le-champ au principe du droit dans cette grande question de la souveraineté, il s'écrie : « Le peuple cesserait d'être souverain s'il n'était pas maître de passer à son gré de la monarchie à la république et de la république à la monarchie. »

Aussi pourrait-on demander aujourd'hui à Lucien quelle serait son opinion dans les circonstances actuelles, si lorsqu'en 1848 le suffrage universel a proclamé la république et un président, il pourrait en 1852 proclamer la monarchie et un roi ; si lorsqu'en 1848 on a pu violer la Constitution en élisant un que l'on disait inéligible, on pourrait encore la violer en 1852 en élisant le même que l'on dit encore inéligible ou un autre qui le serait également. Je ne résous aucune de ces questions, mais on peut aller loin en politique, quand on va de conséquence en conséquence.

A l'époque où Napoléon écrivait ces notes, on agitait seulement les questions secondaires, on n'osait pas aborder la plus haute. On discutait principalement alors celles qui concernaient le nouvel empire et entre autres tout ce qui concernait ses relations étrangères. Le caractère de l'empire de Napoléon, et peut-être à bien des yeux était-ce sa gloire, semblait être de n'avoir été reconnu par aucun roi et de n'être allié à aucun gouvernement.

Aussi comment parlait-on de ces formes d'institution? « C'est une routine niaise et bizarre, disait-on, de la diplomatie européenne, de faire reconnaître par les autres puissances une puissance qui s'élève. » Mais, au contraire, peut-être était-ce une manœuvre habile de forcer la puissance qui s'élève à se faire reconnaître par les autres. Peut-être, dis-je, est-ce le despotisme affermi qui inventa ces formules pour trouver des appuis dans une coalition exclusive de tous les nouveaux gouvernements. D'autres disaient : « Mais l'homme qui s'élève ne trouve point d'appui tant qu'il est faible; dès qu'il commande par la force il se fait avouer par la politique. » Les plus violents s'écriaient : « Il vient partager les dépouilles des nations, les autres spoliateurs l'admettent parmi eux. » Mais à l'avénement de l'empire on changea de langage, on dit avec fierté : « Les vieux principes sont tombés avec les vieux gouvernements qu'ils portaient; les peuples qui secouent une tutelle despotique ont-ils besoin d'être reconnus libres? Non, ils l'étaient par la nature et ils l'ont déclaré par la victoire. La plume des philosophes traça leurs droits, l'épée des braves les assure. » C'est Napoléon qui faisait écrire ces lignes, et il ajoutait :

« Un *empire républicain* s'élève tout à coup au sein de l'Europe étonnée, la guerre le présente au monde, qu'a-t-il besoin d'être reconnu par les rois? il peut leur dire : « Je suis parce que je suis et je prends mon rang sur la terre; le peuple souverain de droit a proclamé de fait sa souveraineté et la mienne en même temps. Pendant son sommeil il avait été détrôné; à son réveil, il se ressaisit de son pouvoir, forme sa législation, fait la guerre, obtient la victoire et impose la paix. Voilà son droit et le mien reconnus par tout l'univers. »

Je crois que c'est ici la seule fois que Napoléon donne à son gouvernement le titre d'empire républicain. Mais assurément il n'a pas tenu à le justifier, et il en donne, peu de lignes après, une preuve bien frappante dans plusieurs de ses notes. Lorsqu'à la suite de sa reconnaissance diplomatique par les têtes couronnées, on parla de la garantie même des gouvernements les uns par les autres, Napoléon nous dit : « Par un traité passé à Vienne en mars 1731, entre l'Autriche et l'Angleterre, cette dernière a garanti à la maison d'Autriche tous ses domaines contre toutes les autres puissances, excepté contre Sa Hautesse : superbe garantie qui n'a pas empêché cette maison de perdre une rive du Rhin, la Belgique et la Lombardie à Campo-Formio. »

Et lorsque Louis émet des principes de moralité politique justes et généreux, lorsqu'il dit : « La garantie solide de chaque État doit être dans ses forces réelles, dans ses finances bien réglées, dans ses armées patriotiques, dans les limites naturelles de son commerce et de son territoire, et plus encore dans sa justice rigoureuse, impassible et conservatrice du droit sacré des gens. Toute nation insensée, ou tout gouvernement injuste qui a voulu dépasser ses limites ou violer le droit naturel et imprescriptible, qui est aussi celui de tous les peuples, n'a obtenu et ne pouvait obtenir qu'une influence passagère, une puissance factice ou illusoire, et c'est là le moyen d'amener inévitablement sa décadence et sa ruine. » Lorsque Louis, dis-je, parle si bien et si ferme, Napoléon est étonné. « Notre auteur, dit-il, vante les conquêtes et ne veut pas qu'on passe ses limites ! Tel est l'effet de son peu de lumières en politique qu'il raisonne à perte de vue et même à perte de raison sur un chapitre qu'Aristote n'entendrait guère de nos jours. Si mon historien n'était pas meilleur patriote qu'il n'est bon publiciste et malin diplomate dans cet écrit, je n'en pourrais pas achever la lecture. »

Au reste, bientôt après, Napoléon croit peut-être nécessaire d'invoquer la liberté afin de justifier le despotisme. « Tous nos philosophes modernes, dit-il, nos sages en discours, nos prétendus républicains ont tonné sur les conquérants : c'est cependant par la conquête qu'on a rendu et qu'on rendra la liberté aux nations. » Il ajoute : « Et vous, monsieur le publiciste, qui vantez les conquêtes et qui estimez la liberté, assemblez-les ainsi : soyez logicien. » Il dit encore : « Il y a de bonnes raisons, des vérités sensibles et de fortes réflexions dans ce chapitre ; mais à quoi bon tous ces grands mots d'indépendance, de conquête, d'ambition, de tyrannie, de liberté, de servitude, de despotisme, de fanatisme et de civisme, style de jacobin et pourtant l'auteur ne l'est pas ! Ainsi, dit-il encore : ennemi des conquêtes, calomniateur des conquérants, notre pauvre républicain ne voit pas que sans elles, et conséquemment sans eux, la sainte liberté ne saurait jamais obtenir le triomphe »

C'est assurément un paradoxe que sa sincérité n'aurait pas avoué ; mais à cette époque il ramenait autour de lui tous les anciens républicains, il ne devait pas les effaroucher, disait-il, et en effet le lien autour de lui eût été peut-être trop honteux pour eux, s'il eût proclamé son amour du despotisme, quoiqu'ils ne fussent pas susceptibles. Toutefois Napoléon ne voulait pas perdre un des plus beaux fleurons de sa couronne impériale, l'honneur d'avoir renversé le gouvernement fondé sur la liberté ; mais on parlait alors de ses excès, et personne n'en voulait paraître responsable. Au surplus on sait qu'en un seul mot il se vantait avec raison de l'avoir réprimée. « Cette liberté, dit-il, que prône notre auteur dans une prose poétique que la raison n'avouerait pas, a aussi ravagé la France. Sont-ce des philosophes qui ont remis cette liberté furibonde dans de justes limites? »

Enfin lorsque l'auteur termine son apologie par cette phrase : « La liberté, assise sur le trône des États représentatifs, appuyée sur l'imprimerie, foulant à ses pieds l'esclavage et la licence, l'oppression et l'anarchie, doit changer la face du monde et gouverner l'humanité entière par l'empire de la raison, par la force de la justice et par les bienfaits du génie, tandis qu'un despotisme altier assis sur la proue des vaisseaux dévastateurs et s'appuyant sur des monarchies absolues, doit avoir le sort de Carthage. »

Napoléon aussitôt s'écrie : « Ainsi soit-il ! mais où

est Scipion? je crois que mon poëte n'en connaît pas. Cependant malgré cette homélie républicaine, on entrevoit le goût de notre historien pour les monarchies tempérées. »

En effet, Louis non plus n'était pas républicain. Ce qu'il soutenait là, sous le nom de liberté, c'était le droit des nations de maintenir leur indépendance, et c'est ici spécialement la résistance à la suprématie de l'Angleterre.

Quoiqu'il se soit montré juste envers le gouvernement anglais dans un grand nombre de circonstances, Louis l'attaque toujours dans ses prétentions à l'empire des mers. Il l'accuse d'avoir constamment des vues d'extension de ses possessions déjà si nombreuses, et d'extension de sa puissance déjà si formidable. Il se sert souvent de termes exagérés : il dit que ce gouvernement conspire incessamment contre le genre humain. « C'est un des moyens de son ambition universelle, dit-il, une science importante de sa diplomatie et de sa politique extérieure, de préparer de loin dans les traités de paix des motifs de rupture propres à amener, dans des circonstances, des guerres favorables à ses vues de conquête ou d'agrandissement.

Napoléon réplique alors : « Le traité d'Utrecht est la preuve de ce qu'avance ici notre auteur. La France et la Hollande soutinrent une guerre de dix années pour en laisser recueillir tous les fruits par le gouvernement anglais ; seules elles en portèrent le fardeau et en subirent l'épuisement. Mais aujourd'hui on traite d'une autre manière ; chaque prince ne pense qu'à lui seul ; l'égoïsme s'assied sur tous les trônes. »

On lit quelquefois dans ces notes l'hommage que Napoléon se rendait à lui-même. Lorsque Louis nomme les conquérants les illustres fléaux du monde, il lui répond : « Ils en sont quelquefois les libérateurs généreux et les sages législateurs. » On voit qu'il pensait ici à lui-même ; il avait délivré la France de l'anarchie et lui avait donné le Code civil, qui devint le Code de toutes les nations de l'Europe.

Mais ensuite il est curieux de voir avec quelle exagération Louis attaque quelquefois l'Angleterre ; il y a des moments où il s'abandonne à de véritables déclamations : « Tout ami de l'humanité, dit-il, en voyant le panorama universel des conquêtes sans nombre de la gigantesque Albion, s'écrierait avec moi : La navigation est le plus grand fléau de l'univers ! Aucune invention de l'homme n'a pu rendre le despotisme aussi prompt et aussi étendu, pas même la poudre à canon, puisque c'est elle qui a rendu les guerres plus courtes et moins sanglantes. La nature a tout fait pour que l'homme fût toujours libre ; elle lui a donné une tête pour concevoir et fonder l'état social, une âme pour sentir la liberté, un cœur pour la défendre, des bras pour attaquer ses ennemis et des pierres pour les écraser. La navigation, au contraire, a tout fait pour que l'homme soit constamment esclave. Elle lui a donné des richesses pour le corrompre, des esclaves pour mettre aux fers les nations, et le commerce pour porter partout les vices et la servitude. Non, celui de qui l'art construisit le premier vaisseau ne peut pas être appelé bienfaiteur de l'humanité. C'est ainsi qu'un gouvernement fait repentir l'homme de son génie, la société politique de ses travaux, la nature de ses bienfaits, en les transformant tout à coup, par égoïsme, en instruments de guerre et de malheur. »

Napoléon ne pouvait pas envisager la conduite des gouvernements de la même manière; mais il n'a pas voulu répondre à cette peinture exagérée par des observations sérieuses; il s'est contenté de se moquer, sans égard pour son frère, de ces réflexions philosophiques. « Un écrivain, a-t-il dit, qui fait sur le papier une si rude guerre à toutes les conquêtes, devrait donner une nouvelle édition des *Projets de paix perpétuelle* de l'abbé de Saint-Pierre, du *Discours* de J. J. Rousseau, et des *Songes* de Mercier; il y ajouterait de belles notes ! »

Toutefois il faut bien que Louis, en parlant de conquêtes, quoiqu'il les blâme, trouve le moyen de faire l'éloge de son frère, et certes son éloge a été complet. Il a d'abord peint très-sévèrement les conquêtes de l'Angleterre : « Le gouvernement, dit-il, partout où il aborde, impose la servitude à tout ce qui est libre, énergique, éclairé. Il impose son industrie et son commerce à tous les pays riches de matières premières, de population et d'activité. Il impose enfin l'esclavage à tout ce qui est ignorant, faible, indolent et loin de la civilisation, tel il est en Afrique, en Asie et en Amérique. Quant à l'Europe, il lui impose la guerre et les discordes avec ses marchandises. En lui ouvrant ses fameuses fabriques, il lui ouvre partout mille champs de bataille et il lui creuse de vastes cimetières. Les tributs qu'il recueille sont de l'or et des larmes, la haine universelle et la vente de ses denrées coloniales, une puissance excessive et le vœu général de son abaissement. »

Mais en même temps il déclare que la révolution française a inventé un nouveau genre de conquérants. « Notre imposante république, ajoute-t-il, offrit à l'univers le premier peuple qui ait su bien user du terrible droit de conquête en devenant l'heureux libérateur des nations vaincues, et leur donnant des constitutions représentatives et sages. Cette manière d'user de la conquête avait été jusqu'alors inconnue dans l'histoire du genre humain. »

Et arrivant sur-le-champ à son frère : « Bonaparte, dit-il, est le premier vainqueur que les destinées de l'Europe et le peuple français aient appelé pour faire l'application immédiate et solennelle de cette politique aussi morale que sublime, et une telle mission suffit seule pour l'immortaliser. »

Cependant Napoléon n'a pas trouvé cet éloge suffisant, et il dit dans la dernière note avec la naïveté de sa confiance en lui-même : « Mon sage n'est pas trop exigeant. J'ai bien d'autres choses à faire pour la France, pour l'Europe et pour la postérité. »

Il a fait, il est vrai, de nombreuses entreprises hardies et souvent téméraires. Il pouvait les prévoir à l'époque où il a écrit ces lignes, parce qu'il était déjà à la tête de la France. Il avait formé et il employait la grande armée au nom de la grande nation.

FIN.

Paris.—Imprimerie Dondey-Dupré, rue Saint-Louis, 46, au Marais.

www.ingramcontent.com/pod-product-compliance
Lightning Source LLC
LaVergne TN
LVHW010100230826
846091LV00005B/2019

* 9 7 8 2 0 1 1 7 8 7 6 8 2 *